GRANDES PERSONAJES EN LA HISTORIA DE LOS ESTADOS UNIDOS™

EL MARQUÉS DE LAFAYETTE

HÉROE FRANCÉS DE LA GUERRA DE INDEPENDENCIA

KATHLEEN COLLINS

TRADUCCIÓN AL ESPAÑOL:
EIDA DE LA VEGA

The Rosen Publishing Group, Inc.
Editorial Buenas Letras™
New York

Published in 2004 by The Rosen Publishing Group, Inc.
29 East 21st Street, New York, NY 10010

First Spanish Edition 2004
First English Edition 2004

Cataloging Data

Collins, Kathleen.
[Marqués de Lafayette. Spanish]
Marquis de Lafayette: Héroe francés de la Guerra de Independencia / Kathleen Collins.
— 1st ed.
     p. cm. — (Grandes personajes en la historia de los Estados Unidos)
Summary: Discusses life and work of French soldier and political thinker, Marquis de Lafayette, and his role in the American Revolution.
Includes bibliographical references and index.
ISBN 0-8239-4139-6 (library binding)
ISBN 0-8239-4233-3 (pbk.)
6-pack ISBN 0-8239-7598-3
1. Lafayette, Marie Joseph Paul Yves Roch Gilbert Du Motier, marquis de, 1757-1834—Juvenile literature. 2. Generals—United States—Biography—Juvenile literature. 3. United States—Army—Biography—Juvenile literature. 4. United States—History—Revolution, 1775-1783—Participation, French—Juvenile literature. 5. Statesmen—France—Biography—Juvenile literature. [1. Lafayette, Marie Joseph Paul Yves Roch Gilbert Du Motier, marquis de, 1757-1834. 2. Generals. 3. Statesmen. 4. United States—History—Revolution, 1775-1783—Participation, French. 5. Spanish language materials.]
I. Title. II. Series: Primary sources of famous people in American history. Spanish.
E207.L2C65 2003
973.3'092—dc21

Photo credits: cover © Archivo Iconografico, S.A./Corbis; p. 4 Independence National Historical Park; pp. 5, 11 Library of Congress Geography and Map Division; p. 6 Réunion des Musées Nationaux/Art Resource, NY; p. 7 © David David Gallery/SuperStock, Inc.; pp. 9, 19 French Revolution Collection, 4611. Division of Rare and Manuscript Collections, Cornell University Library; p. 10 Private Collection/Bridgeman Art Library; pp. 13, 15, 22, 25, 29 © Hulton/Archive/Getty Images; p. 17 © Musee de la Revolution Francaise, Vizille, France/Bridgeman Art Library; pp. 18, 26, 28 Marquis de Lafayette Collection, David Bishop Skillman Library, Lafayette College; p. 21 Giraudon/Art Resource, NY; p. 23 Victoria and Albert Museum, London/Art Resource, NY; p. 27 Ary Scheffer, Marquis de Lafayette at La Grange, 1757-1834, oil on canvas, gift of Arthur H. Dean, Class of 1919, and Mary Marden Dean, 75.109.018, Herbert F. Johnson Museum of Art, Cornell University.

Designer: Thomas Forget; Editor: Annie Sommers; Photo Researcher: Rebecca Anguin-Cohen

CONTENIDO

LA FAMILIA LAFAYETTE

Marie Joseph Paul Yves Roch Gilbert du Motier de Lafayette nació el 6 de septiembre de 1757, en Chavaniac, Francia. Le decían Gilbert. La familia Lafayette pertenecía a la nobleza. La nobleza poseía más dinero, casas más grandes y más tierras que los pobres. Controlaban el gobierno y las leyes en Francia.

Charles Willson Peale, un famoso artista norteamericano nacido en Maryland, pintó este retrato de Lafayette. Peale también pintó un famoso retrato de George Washington.

Este mapa de 1724 muestra Francia en la época de Lafayette. Lafayette era de la región Auvergne *(en el círculo)*. La familia de Lafayette vivía en un castillo, en un pueblo llamado Chavaniac.

La nobleza no quería cambios en la manera en que funcionaba la sociedad. Quería tener el poder. Los pobres se sentían oprimidos por la nobleza. La familia de Gilbert había sido noble por generaciones. Pero no vivían como ricos. Sus tierras no producían muchos alimentos y no conocían a muchas personas importantes en el gobierno.

Esta pintura de 1735 se titula *Almuerzo con ostras*. Muestra lo que era un almuerzo diario para la mayoría de los nobles franceses.

En Francia, los nobles usaban ropas muy finas, como las de la pareja de esta pintura. Los hombres y mujeres usaban guantes, y las faldas de las mujeres eran muy anchas. Se desconoce quién pintó este cuadro.

Gilbert nunca conoció a su padre. Su padre había ido a pelear contra los ingleses cuando Gilbert nació, y antes de que Gilbert cumpliera dos años resultó muerto en batalla. Gilbert y su madre se mudaron a París con sus abuelos. Ahí, su madre enfermó y murió en 1770. Gilbert tenía trece años.

¿SABÍAS QUE... ?

Cuando Lafayette era joven, fue a la escuela en París. Historia era su asignatura favorita.

En este retrato, el joven marqués de Lafayette (*a la derecha*) posa con su tía, Madame Louise-Charlotte Guérin de Chavaniac. El marqués sostiene un retrato de su prima Mademoiselle de Chavaniac.

2 LAFAYETTE VIENE A NORTEAMÉRICA

En 1777, Lafayette vino a luchar en la Guerra de Independencia en Norteamérica. La lucha entre el ejército inglés y el americano comenzó en 1775. Las Trece Colonias de Norteamérica querían independizarse de Gran Bretaña. Francia había estado enviando en secreto suministros a Norteamérica desde el inicio de la revolución. Lafayette apoyaba a los colonos americanos.

Esta pintura de 1786, de John Trumbull, muestra la Batalla de Bunker Hill (17 de junio de 1775), durante la Guerra de Independencia.

Este mapa de 1776 muestra cómo lucía Norteamérica durante la Guerra de Independencia. Aquí se ven las colonias inglesas del centro: Virginia, Maryland, Delaware, Pensilvania, Nueva York y Nueva Jersey.

11

Aunque era francés, Lafayette se convirtió en mayor general del Ejército Continental Norteamericano, cuando sólo tenía diecinueve años. En 1777 resultó herido por los ingleses en la Batalla de Brandywine. El general George Washington estaba impresionado por la valentía de Lafayette. Más tarde, lo nombró su ayudante de campo.

UNA BUENA VIDA

Lafayette se unió al ejército francés en 1771 y se convirtió en capitán en 1774. Era un buen soldado. Se casó con Adrienne de Noailles en 1774. La familia de su esposa era muy poderosa, una de las cuatro más ricas de Francia.

El marqués de Lafayette conoció al presidente
George Washington en Filadelfia el 3 de agosto de 1777.
Los famosos artistas, Currier & Ives, realizaron esta litografía.

Lafayette regresó a Francia por seis meses en 1779. Le pidió al gobierno francés asegurarse de que el ejército norteamericano tuviera suficientes tropas y suministros para continuar su lucha contra los ingleses. En 1780, regresó a Norteamérica. El general inglés Lord Charles Cornwallis se rindió ante Lafayette y sus soldados en Yorktown en 1781.

¿SABÍAS QUE... ?

Lafayette regresó a Francia en 1781. Continuó insistiendo ante el gobierno francés para que ayudara al ejército norteamericano. En 1784, George Washington invitó a Lafayette a visitarlo otra vez. A su llegada, Lafayette fue tratado como un héroe por su gran ayuda a Estados Unidos durante la Guerra de Independencia. Después de la guerra, Lafayette facilitó las relaciones comerciales entre Estados Unidos y Francia.

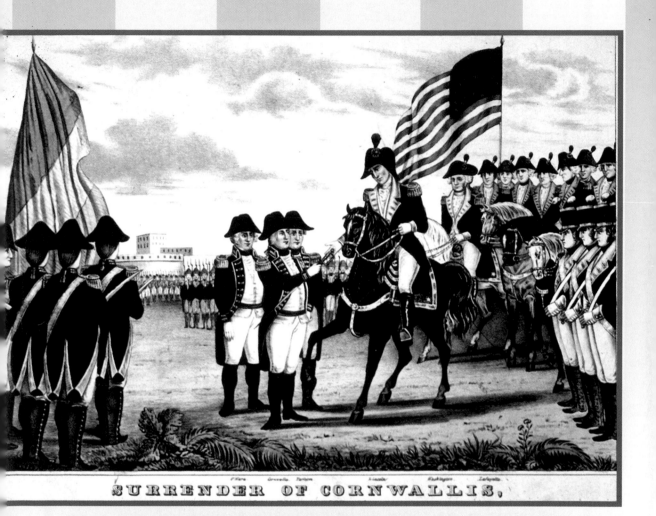

SURRENDER OF CORNWALLIS,

En esta litografía, también de Currier & Ives, Washington y Lafayette observan a los ingleses rindiéndose en Yorktown, Virginia. El evento del 19 de octubre de 1781 dio por terminada la Guerra de Independencia.

3 LA DECLARACIÓN DE DERECHOS

Lafayette creía que todos los ciudadanos debían tener la libertad de elegir el tipo de gobierno que quisieran. En Francia, sugirió una declaración de derechos y ayudó a organizar la Guardia Nacional, o el ejército francés. Quería proteger París durante la Revolución Francesa y hacer cambios en el gobierno.

LA ASAMBLEA NACIONAL

En 1789, Lafayette fue elegido vicepresidente de la Asamblea Nacional de Francia, que equivale al Congreso de Estados Unidos. La declaración de derechos de Lafayette se llamó Declaración de los Derechos del Hombre y del Ciudadano. Fue aprobada por la Asamblea Nacional en 1789.

Este grabado en madera del siglo XVIII es parte de la declaración de derechos de Lafayette, la Declaración de los Derechos del Hombre y del Ciudadano. Thomas Jefferson le ayudó a prepararla. Lafayette la presentó a la Asamblea Nacional el 11 de julio de 1789.

4 SOCIEDAD Y POLÍTICA

Lafayette compró tierras en América del Sur para que los esclavos liberados pudieran vivir allí y cultivar la tierra. También fundó una escuela en Chavaniac, su ciudad natal. Ayudó a aprobar una ley con la esperanza de terminar la esclavitud en Estados Unidos en 1800. Pero los esclavos no fueron liberados hasta después de la Guerra Civil, en 1865.

Este mapa de la Guayana Francesa muestra las tierras que compró el marqués de Lafayette para llevar a los esclavos libres.

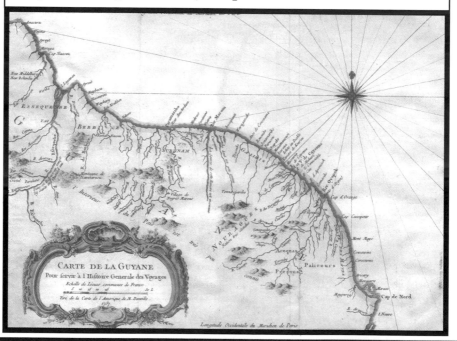

Ésta es una lista de las familias y personas negras que fueron elegidos para vivir y trabajar en la plantación de Lafayette, en la colonia francesa de Cayena (ahora Guayana Francesa).

Lafayette era moderado, es decir, pensaba que había que hacer ciertos cambios en la sociedad, pero no muy radicales. Creía que las personas debía ser tratadas con justicia e igualdad.

Los jacobinos eran un grupo político radical. Fueron importantes durante la Revolución Francesa. Estaban enojados con Lafayette porque éste no estaba de acuerdo con sus ideas revolucionarias.

¿SABÍAS QUE... ?

Los miembros de la nobleza querían mantener la sociedad tal como estaba. Los revolucionarios querían un cambio. La Asamblea Nacional estaba molesta con Lafayette. Lo llamaban traidor a la nobleza porque se parecía a los revolucionarios. Sin embargo, los jacobinos pensaban que no era suficientemente revolucionario. Era muy difícil ser moderado.

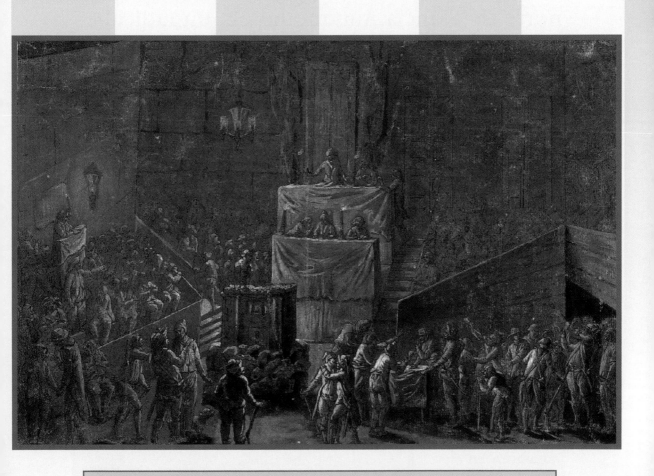

Éste es un dibujo del Club Jacobino de París, donde se reunían los radicales franceses. Los miembros debían pagar una cuota para inscribirse. En junio de 1791, el club contaba con 2400 miembros.

En 1792, Lafayette condujo el ejército de Francia en la guerra contra Austria. Fue acusado de traición y escapó a Flandes, al norte de Francia. Aunque no era un radical, fue arrestado como revolucionario. Lo liberaron de la prisión en 1797. El general Napoleón Bonaparte llegó al poder en 1799. Lafayette no estaba de acuerdo con muchas de las ideas de Napoleón.

Un dibujo del marqués de Lafayette en un calabozo de Austria. Las mujeres que aparecen en el dibujo están muy tristes de ver al marqués en prisión.

Napoleón Bonaparte, emperador de Francia, sólo medía 5 pies y 2 pulgadas de altura (1.55 metros) vivió de 1769 a 1821. Robert Lefevre hizo este retrato.

Lafayette fue invitado por el Congreso de Estados Unidos a visitar el país en 1824. En 1825 volvió a ser miembro de la Asamblea Nacional de Francia. La Revolución de julio de 1830 comenzó porque los franceses no estaban contentos con el gobierno del rey Carlos X. Lafayette abandonó Francia porque los cambios no sucedían con la rapidez que él deseaba.

¿SABÍAS QUE... ?

El rey Carlos X nació en 1757 y murió en 1836. Fue rey de Francia de 1824 hasta 1830. Abandonó Francia antes de la Revolución Francesa de 1789.

Una escena que describe la llegada del Marqués de Lafayette a la bahía de la ciudad de Nueva York. Los estadounidenses estaban muy felices de dar la bienvenida a su amigo el marqués.

5 HÉROE DE DOS MUNDOS

Lafayette luchó toda su vida por la democracia y la libertad. Luchó por la igualdad, la libertad religiosa y la libertad de prensa. Se convirtió en símbolo de la amistad entre Francia y Estados Unidos. Fue llamado "héroe de dos mundos" porque fue muy famoso en los dos países.

El escudo de armas de la familia Lafayette exhibe un escudo rojo y oro encima de castillos azules y plateados. En latín, el lema de la familia es *Cur Non*, que significa "¿Por qué no?"

Éste es un retrato de Lafayette ya mayor. El título es
Retrato de Lafayette como caballero rural. Lleva un
bastón porque fue herido en una batalla.

Lafayette se enfermó, y murió en París el 20 de mayo de 1834. Su esposa había muerto en 1807. Está enterrado junto a ella en el cementerio Pipcus en París. Como quería tanto a Estados Unidos, llevó tierra americana en 1825 como recuerdo. Esta tierra fue esparcida sobre su ataúd antes de ser enterrado. Una bandera de Estados Unidos todavía ondea sobre su tumba.

Adrienne de Noailles, la marquesa de Lafayette, fue la esposa del marqués. Se casaron en 1774 cuando ella tenía catorce años. Adrienne pertenecía a una poderosa familia aristocrática.

Miembros de la Embajada de Estados Unidos visitan la tumba de Lafayette. Está en el cementerio Pipcus en la zona este de París, Francia.

CRONOLOGÍA

1757—El 6 de septiembre nace Marie Joseph Paul Yves Roch Gilbert du Motier de Lafayette.

1775—El 19 de abril comienza la Guerra de Independencia de Norteamérica

1784—Lafayette regresa a Estados Unidos y lo reciben como a un héroe.

1792—Lafayette conduce el ejército francés en la guerra contra Austria. En agosto, Lafayette es puesto en prisión en Austria.

1830—En julio, hay una revolución en Francia. Lafayette se convierte en comandante de la Guardia Nacional pero deja el cargo ese mismo año.

1771—Lafayette se une al ejército francés.

1777—En abril, Lafayette viaja a América para ayudar a los colonos a luchar contra Inglaterra. Es herido en la Batalla de Brandywine.

1789—Lafayette es nombrado comandante de la Guardia Nacional Francesa. En julio, Lafayette crea la nueva bandera francesa.

1814—Napoleón Bonaparte pierde el trono como emperador de Francia.

1834—Lafayette muere el 20 de mayo.

GLOSARIO

ayudante de campo (el, la) Oficial militar que sirve al presidente.

colono (-na) Alguien que vive en un área recientemente poblada.

Congreso (el) La parte del gobierno de Estados Unidos que elabora las leyes.

moderado (-da) Una persona cuyos puntos de vista y opiniones caen dentro de límites razonables, evitando excesos o extremos.

oprimido (-da) Ser sojuzgado por una autoridad o un poder cruel o injusto.

radical Tener ideas que no son aceptadas ampliamente; en política, una persona que favorece un cambio muy grande.

traición (la) El crimen de ser desleal al gobierno del propio país.

traidor (-ra) Una persona que se vuelve en contra de su país.

SITIOS WEB

Debido a las constantes modificaciones en los sitios de Internet, Rosen Publishing Group, Inc., ha desarrollado un listado de sitios Web relacionados con el tema de este libro. Este sitio se actualiza con regularidad. Por favor, usa este enlace para acceder a la lista:

http://www.rosenlinks.com/fpah/mlaf

LISTA DE FUENTES PRIMARIAS DE IMÁGENES

Página 4: Retrato no fechado del marqués de Lafayette de Charles Willson Peale. En el Parque Histórico Nacional de la Independencia.

Página 5: Mapa de Francia coloreado a mano que data de 1724, hecho por Alexis Hubert Jaillot. De la Biblioteca del Congreso.

Página 6: *Almuerzo con ostras* de Jean François de Troy, 1735. Del Musée Condé, Chantilly, Francia.

Página 7: Pintura no fechada de un artista francés desconocido. De la galería David David en Filadelfia, Pensilvania.

Página 9: Fotografía de alrededor de 1930, de un retrato del marqués de Lafayette, su tía y su prima. De la Biblioteca de la Universidad de Cornell, Ithaca, Nueva York.

Página 10: La batalla de Bunker Hill de John Trumbull, fechada en 1786. De la Escuela de Bellas Artes de Yale. Donado por la Sociedad Histórica Estatal de Colorado en 1949.

Página 11: Mapa coloreado a mano. Impreso por Robert Sayer y John Bennett en Londres, Inglaterra, 1776. Imagen de la Biblioteca del Congreso.

Página 13: Litografía de Currier & Ives, *El primer encuentro de Washington y Lafayette*. Sin fecha.

Página 15: Litografía coloreada a mano de Currier & Ives, *Rendición de Cornwallis*, en Yorktown, Virginia, 1845. Sin fecha.

Página 17: Copia de una página de la Declaración de los Derechos del Hombre y del Ciudadano escrita por el Marqués de Lafayette. Fechada el 11 de julio de 1789. Grabado en madera coloreada del Museo de la Revolución Francesa, Vizille, Francia.

Página 18: Mapa de Cayena de Jacques Nicholas Bellin, 1757. Imagen de la Colección de imágenes del Marqués de Lafayette, Biblioteca David Bishop Skillman, Lafayette College.

Página 19: Lista de las personas escogidas para trabajar en la plantación del marqués de Lafayette. Fechada el 1 de marzo de 1789. De la Biblioteca de la Universidad de Cornell, Ithaca, New York.

Página 21: Dibujo anónimo del siglo XVIII del Club Jacobino de París, Francia. Del Musée de la Ville de Paris, Musée Carnavalet, en París, Francia.

Página 22: Imagen del marqués de Lafayette del archivo Hulton, 1797.

Página 23: Pintura de Napoleón Bonaparte de Robert Lefevre. Sin fecha. En el Museo de Victoria y Alberto, en Londres, Inglaterra.

Página 25: Grabado en madera que muestra el barco del Marqués de Lafayette llegando a Nueva York. Agosto de 1824. Imagen del archivo Hulton.

Página 26: El escudo de armas de la familia Lafayette. De la Colección de imágenes del Marqués de Lafayette, Biblioteca David Bishop Skillman, Lafayette College.

Página 27: Retrato de Lafayette como caballero rural. De la Biblioteca de la Universidad de Cornell, en Ithaca, Nueva York. Artista y fecha desconocidos.

Página 28: Aguafuerte coloreado a mano de Adrienne de Noailles, la Marquesa de Lafayette, 1894. Artista desconocido. De la Biblioteca de la Universidad de Cornell, en Ithaca, Nueva York.

Página 29: Imagen de 1910 de la tumba del Marqués de Lafayette, en el cementerio de Picpus en París. De Getty Images.

ÍNDICE

ACERCA DEL AUTOR

Kathleen Collins es escritora e investigadora y vive en la ciudad de Nueva York.